시오름 창간호

다리를 잇는 사람들

시오름 창간호

다리를 읽는 사람들

백승희 이정환 양순승 김순길
김기덕 권순용 지창영 김미향
안순옥 이정금 이영선

‖ 인사말 ‖

공명하던 시간들을 기념하며

김기덕 시인

7.83Hz의 슈만 공명을 들으며 지구와 하나가 되었습니다. 무의식 속에 감지되는 거대한 울림, 지구도 우리와 같이 숨 쉬고 사유하고 있음을 느낍니다. 누군가와 하나가 된다는 것은 가슴 뛰는 공명의 시간입니다. 문학이라는 공통적인 관심으로 함께한 모임. 그동안 인내의 암벽을 오르던 때가 있었음을 어찌 잊을 수 있겠습니까. 문학은 마음의 오류를 찾아 내면의 진정성에 다가가는 치유의 과정이라 말할 수 있습니다. 시적 대상을 깊이 들여다보면 그 어느 것도 하찮은 것이 없음을, 모두가 소중한 존재임을 깨닫게 됩니다. 이제 정성껏 모아온 동인들의 시편들을 하나하나 책으로 엮어 세상에 내놓습니다. 작은 실천에서 오는 커다란 기쁨. 우연일 수 없는 인연의 법칙 속에서 공명으로 함께하는 삶은 참으로 행복함을 또다시 체험합니다. 들 때마다 응원을 아끼지 않았던 동인들과 이 놀라운 결실을 함께합니다. 비록 시작에 불과하지만, 앞으로도 우리의 동반이 한마음 되어서 세상과 다 같이 공명했으면 좋겠습니다.

발간에 힘써주신 분들에게 깊은 감사를 드리며 모두의 미래에 행복이 가득하길 바랍니다.

캠프, 시오름에서
지창영 시인

같은 방향을 향해 가는 사람들이 어울린 지 꽤 긴 세월이 지났다. 구성원에 따라 길게는 이십 년, 짧게는 수개월의 인연이지만 함께하는 자리에서는 세월의 길이를 초월해 버린다.

앞서거니 뒤서거니 끝없이 공부하면서 서로 밀고 끌어주는 분위기다 보니 여기에서는 누구나 늘 겸손하다. 그런만큼 교만도 자만도 설 자리가 없다.

물신이 세상을 지배해도 우리는 그에 무릎 꿇지 않고 문학 속에서 우리의 나라를 건설해 간다. 귀중한 시간을 내고 소중한 노력을 들여, 모이고 또 모이는 것은 잃어버린 이상을 찾아 새 세상을 창조하려는 노력이다.

동인지는 우리들의 캠프다. 첫 기지를 마련한 만큼 이를 발판으로 두 번째 세 번째 캠프로 나아갈 것이다. 함께하는 도반들이 있어 행복하다.

다리를 잇는 사람들

이정환 시인

당신은 이어질 수 없는 둥근 원
허기로 채운 상상력과 더듬거리며 채운 문장은
존재물에 대한 내면의 성찰
공유된 감정과 절제된 언어로 틀을 만들고
그 틀을 깰 수 있도록 상상력이라는
추상을 본다
시간에 섞여버린 금속 혼합물을 정제하듯 글쓰기를 통해
용출된 내적 언어는 나를 다르게 표출한 세상이기도 하다
다리 양쪽에서 마지막 교각을 잇는
사람들의 가슴속에는 누구나 시가 있다
부재의 시간 속에서 불통을 염려했고
오랜 기다림으로 연결되어 있지만 단절의 느낌이 어슬렁거렸다
절벽에 매달린 산양들의 시간을 본다
기다림을 책으로 엮어내는 것
시인의 언어로 만들어진, 한 권의 책이다
다리를 잇는 사람들처럼 동인 시인들의 시로 세상과 다리를 잇는다.

차 례

인사말

백승희

소리나무 · 14
켜다 · 16
은지화의 봄 · 18
청명한 날은 그냥 오지 않는다 · 20
백색 등을 켜면 · 22

이정환

기린 · 26
매일 흰다 · 28
떠도는 문장 · 30
들여다보다 · 32
몸살 · 34

양순승

>   폐차장 가는 길 · 38
>   흠집 많은 페이지 더 고소하다 · 40
>   저녁, 늦은 · 42
>   풀등 · 43
>   꽃멀미 · 44

김순길

>   3번 국도 · 48
>   펌프 · 50
>   침선針線 · 52
>   바이올린 · 54
>   흑심 · 56

김기덕

>   사각의 알레고리 · 60
>   악마의 빛깔 · 62
>   사막 건너기 · 64
>   칼의 꽃 · 66
>   가위가 오린 풍경 · 68

권순용

　　푸른 연등 · 72

　　무의도 · 74

　　나비의 문장 · 76

　　저승꽃 · 77

　　담쟁이의 꿈 · 78

지창영

　　플라스틱 눈물 · 82

　　하얀 밤 · 85

　　달빛 미스터리 · 86

　　거미의 도시 · 88

　　을왕리, 밤 아홉 시 · 90

김미향

　　아름다운 학교 · 94

　　행간 · 96

　　현기증 · 98

　　꽃샘추위 · 100

　　연어 칸타빌레 · 102

안순옥

 화석 · 106

 분신分身 · 108

 가을의 방 · 110

 정육점 · 112

 아로니아 농장에는 · 114

이정금

 데칼코마니 · 118

 초보운전 · 120

 피자 · 122

 번지점프 · 124

 주민등록증 · 126

이영선

 동승 면허증 · 130

 컴퓨터를 끄지 마세요 · 132

 웃음의 발견 · 134

 통화 중 · 136

 전화기 · 138

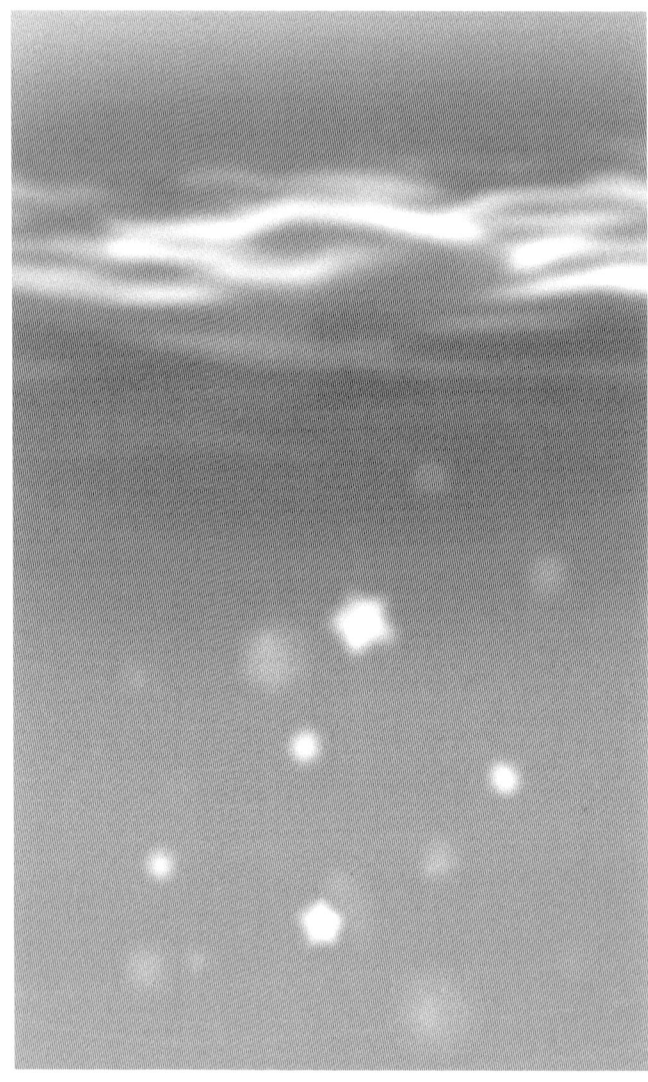

백승희

세월 뒤편
발화하지 못한
언어의 침묵이 되살아나면
꽃잎 스치던 창밖에
오후의 초록이 감긴다

소리나무

도자 잎들이 풍경소리를 낸다

휘파람의 햇살과 바람이 블루의 조각을 뒤집을 때
시작되는 뼈들의 연주

살구꽃 향을 스타카토로 끊었다가
하늬바람의 악장에서 소나기가 되는 파랑새 날갯짓
허공에 파동이 인다

다가설수록 침묵하는 수평선 위로 청음이 쏟아진다

바람의 지휘로 펼친 새로운 악장들의 거리는
빛으로 눈이 부셨다

날개의 파닥거림으로 휩쓸리는 크레셴도의 물결
뼈들이 부딪치는 골목마다 가슴 저린
난타의 소용돌이가 인다

합장과 묵념 사이에서

날개들을 수목장한 빗소리가 젖은 숲길을 내려간다
시간 속에 구멍을 뚫는
새들의 랩소디는 잦아들고

혼을 불어넣는 소리나무의 풍경소리
세상 가득 잘강거린다

켜다

소음이 데시벨의 음역을 키우며 떠다니는 목공소에서
나무를 켜느라 톱밥이 날아다닌다
톱질의 소음은 은하로 건너는 고삐를 잡는다
명아주 풀을 뜯어 소꿉놀이하던 계집애가 고개를 까딱거리며
흘러나오는 톱 연주의 판타지에 빠져든다
별을 질끈 동여맨 목수 아저씨는
널빤지에 먹줄을 팽팽히 튕겨 악보를 그려 넣는다
나무의 운행을 쪼아낸 목공소에
짙푸른 고흐의 밤이 새겨진다
옹이를 지나는 대패의 발걸음은 멈칫거리고
벌레들이 벗어둔 시간의 허물을 토해낸다
톱이 잘라낸 악보들, 조롱박이 걸린 터널에 박자들이 흔들린다
대패의 속살에서 숲이 무너진다
짐승들이 달아난다 사파리 안으로 달리는 기린 얼룩말 떼들이
힘찬 발길질하며 붉은 별을 캔다
시간의 조각들을 톡톡 털어내고

사파리 시간을 잠그자
텅 빈 숲에 별들이 내려앉는다
악보들이 일회용 광고지처럼 떠다니는 목공소에
시간을 털어내던 바람이 별자리를 짚으며 일어선다

은지화의 봄

구겨진 은빛 소리를 펴며
담뱃갑만 한 방에서 네 식구가 살았다는
가난의 이력을 읽고 섬섬의 봄을 꺼낸다
도토리처럼 작은 내 방에도 폭설이 그친다
바람의 톱날이 육각의 결빙을 잘라내자
손바닥 안에서 부름켜가 돋아난다
나무의 귓바퀴가 잘린 아찔한 풍경이 잎을 피운다
옹이를 파내어 공간 하나를 차지한 딱따구리가
깃털의 문패를 걸어둔 방
어둠의 통로를 들락거리며 물어온 햇살엔
물고기와 게와 꽃과 아이들이
빛의 고리를 물고 원을 그렸다
발을 포개고 허리를 접는 애정의 방식이 담긴
스크래치 그림을 저장한 쪽방에서는
벽을 뛰쳐나갈 듯한 흰소와
벌거숭이 아이들이 물고기를 타고 놀았다
뿌리들이 뒤엉킨 시간을 끌어다 덮고
상사초 향을 물들이며
초록을 키운 나이테의 방

눈 덮인 이불을 털어내자
잘린 물관으로 파도가 들이친다
하늘을 향해 모둠발을 딛고 성에 낀 창을 열면
은박지 햇살에 겨울이 녹는다
바람이 지나는 골짜기마다
봄이 반사되는 은지화

청명한 날은 그냥 오지 않는다

백내장이 찾아온 길엔 안개가 자욱했다
길이 자주 끊긴다
곡선 위로 허리가 꺾인 가로등
상향등을 켜보아도
시계視界는 밤으로만 흘러들었다

시간을 박음질하며 영사기가 돌아갔지
빛을 모으기 위해 조리개를 열었지만
발톱에 긁힌 장면마다 비가 내렸다
자막조차 읽을 수 없는 렌즈에는
회백색 구름이 가득했다

몰려온 구름이 허구한 날 비를 뿌리고
청명한 하늘의 시신경엔 햇살이 비치지 않았다
어둠은 밝은 평지와 연결되기 위한 통로일 뿐
세월의 질주에서 만나는 터널일 거라 생각했다

빛을 쏘아도 읽어낼 수 없는 하루의 경전經典들
초점 잃은 별빛들이 사라져간 시간 속에서

피가 맺히도록 무릎을 꿇고 난 뒤에야
달빛 가운을 입은 의사가 바람의 메스를 들고
하늘의 절개창을 열어 흐려진 삶의 월훈을 걷어냈다

가로등이 눈을 뜬다
인공수정체 같은 태양이 떠오른다

비 갠 하늘에 묵시默示의 강물이 흐른다

백색 등을 켜면

빛을 포기하지 않은 날개들이
수술실 앞에서 분주하게 날아다닌다
마음 둘 곳을 찾느라
모니터 앞으로 몰려든 나방들의 날개에 나를 얹는다
수술이 임박해지자 불빛을 읽어간다

메스가 수술대 위를 건너뛰면서
가닥가닥 신경줄들이 사인을 보낸다
수술 준비 중, 수술 중, 사망
절망도 통곡도 부질없는 일

불빛에 다가가 날개를 부딪치고 떨어지는 은빛 가루들
그 방엔
나방들이 비비고 떠난 살가루가
주검으로 실려 나가고
불빛을 읽어내지 못한 숫자들이 늘어간다

백색 등이 켜지고 해체했던 시간은 봉합되지만

꿰맬 수 없는 살점들은 빛을 잃고 허공에 떠다니는 통곡으로 남겨진다
문은 침묵 속으로 격리되고
초조해진 날개들이
불빛으로 몰려든다

아직은 수술 준비 중
나의 심장이 깜빡인다

백승희
≪수필문학≫ 등단, ≪시문학≫ 등단.
수필집 『시간의 소쿠리』『다카포』.
한국문인협회 회원·한국수필문학가협회 이사·수필문학추천작가회 이사

이정환

어느 민속 마을의
대감집을 숙소로 예약했다
비수기엔 행랑채 딸린 집을
4~5만 원으로도 예약 가능하니
가성비도 훌륭하다
시집 한 권 달랑 들고 갔다
시집을 펼치니 졸음이 쏟아진다
내 시간을 로그아웃하고 잠만 잤다
- 시와 잠 100% 즐기는 법

기린

거인의 목에 초원이 걸려 있다
절벽의 다리 아래로
흥건히 떨어져 누운 건초더미의 기억들

땅과 하늘은 솟대를 사이에 두고 갈라졌다
태초의 길을 건너기 위해 기린은 발목을 접는 상상을 한다
벌린 다리 사이에서 얼음이 갈라지는 소리가 났고
크레바스의 발굽에선 빙하의 관절음이 비명을 토해냈다

나뭇가지들은 거인의 등에 매달려 허공을 읽어 내려갔다
눈 속으로 빨려 들어간 석양의 밀림
아카시아와 미모사 둥치에서 잘린 혓바닥들이 새순처럼
돋아났다

경사가 급해서 굽은 어깨에
갈기를 세운 구름의 인각이 뭉툭하다
가느다란 앞다리를 지탱하느라 땅속에서 솟아난 긴 목의
엄마!

솟아 있다는 건 살아있음의 시작점
생존의 몸짓 언어들이 높이를 견디며 뒤뚱거린다
또 다른 생의 교차점에서 사슬이 풀린다

높이를 낮추면 현기증을 견딜 수 있을까
길게 빼고 기다려온 엄마의 시간이 구름 위에 태양으로 빛난다
나를 닮은 짧은 뒷다리가 날개를 꿈꾼다

매일 휜다

포물선은 지구가 허리를 굽힌 흔적이다
공이 휜다 엄마의 등을 보고 알았다
삭아 내리고 있었다

사람의 이마에 줄이 하나씩 새겨지는 것이
휘어짐의 궤적이라는 것을 알았다
손가락이 말려있는 것을 보고 소스라쳤다

킥을 연습하다 무언가를 따라하고 있다는 느낌이 들었다
엄마를 패러디한 바나나 킥

골 맛을 보고 싶을 때 슬쩍 발목을 비튼다
아무도 모르게 발을 구기고 잔다
공의 궤도가 휘어 보였다
뭉개진 허리의 곡선이 지그재그다

아침에 일어나보니 얼굴이 취해 있었다
지난밤에 무언가를 굴렸던 것 같은데
깨어보니 서녘으로 몸을 굽히고 있었다

트위스트 춤을 췄다고 한다

골대 위의 정수리가 하현달로 기울고 있었다
세상 밖으로 탈출을 꿈꾸는 단 한 번의
휨을 위해 수없이 지구를 건져 올렸다

당신이 자꾸만 굽어가고 있다

떠도는 문장

바람에 휩쓸려간 밤의 지문이 쉼표로 찍혔다
침묵은 행간에 걸린 채 검게 흩어지고
풀어진 문장들은 어둠을 비질했다

휴지休止의 시간 위에 걸린 그림자
불러본 적이 없어 굳어버린 언어의 한때가
은빛 구절을 꿈꾼다

나이테의 파문을 그리던 문체는
절벽으로 접혀 있었다
느슨해져 가는 몸의 힘줄들
마침표를 찍지 못한 점 하나가
입안에서 돌멩이로 구른다

블랜딩된 생각들이 구름으로 떠있는 단락에서
붉게 번진 꽃물이 심장을 도려낸다
응시하고 있던 모니터를 끄고
거울 앞에서 미소 짓는 법을 연습해 보았다

비가 그친 몸에서 비밀 하나가 자라고 있었다
옹알이하던 말들이 꽃잎으로 맞춰진 퍼즐
끝내 피어나지 못한 입술들이
빛바랜 아내의 일기장에 압화로 접혀 있었다
녹슨 기계음의 박동 소리가 들렸다

창가에 달의 뒷모습이 스친다

들여다보다

은밀한 방을 들여다보는 것은 불경한 일이다

박쥐를 따라 하다 소화기관이 뒤틀렸다
발톱에 긁힌 벽은 헬리코박터 파이로리에게 점령당했다
술 취한 하복부를 관통하는 속 쓰림의 시간들

영어의 몸처럼
침을 삼키며 지그시 눈을 감았다
바늘을 꽂는 간호사의 목소리에
자세를 모로 낮춰 모니터의 눈높이로 박제되었다

피사체를 관통한 렌즈가 막장의 환부를 건드리며
샅샅이 갱도를 훑어 내려갔다
가끔씩 들려오는 셔터 소리가 메아리처럼 울렸지만
모른 척 질끈 눈을 감았다

목은 채우기 위한 하나의 구멍이었을까
텅 비었을 때 혹독한 냉기가 몰려온다
냉기와 떨림은 한 몸에서 갈라진 자웅동체였다

봉쇄된 수도원의 문이 열리고
부패 공직자들의 비위가 속속 찍혀 나왔다

결백을 증명하기 위해 속을 비워야 하는가
비우니까 술과 담배와 스트레스의
적나라한 이력들이 보이기 시작했다

꼬리와 지느러미가 잘려 나간 심해 상어들의
내밀한 사진이 거래되고 있는 텔레그램
n번방의 사람들이 속 편한 내과로 속속 몰려들었다

냄비 속을 들여다보는 것이 사생활 침해인 것 같아
물이 끓어 넘칠 때까지 숨을 참아야 했다
평온한 경직이 온몸을 감쌌다
타인의 치부가 마치 나의 속죄인양
억겁의 땅에서 역겨운 냄새를 밀어 올렸다

몸살

밤새 통증 같은 비가 내렸다
신음하다 떨어진 꽃들이 바람의 태엽을 감았다
신열이 자라난 거리에 거품이 낭자하고
가로등에선 창백한 적막이 뚝뚝 떨어졌다

콧잔등이 애잔해지고 목엔 바람이 일었다
한 몸인 채로 우린 밤의 늪에서 베갯잇을 적셨다
계절은 텃밭에 뿌려진 계분의 역겨운 향으로 기지개를 켜고
혼탁한 몸은 침향沈香의 개화를 꿈꿨다
새싹들이 눈뜨는 이유를

그를 죽게 한 것은 속삭임이었다
머리맡엔 상처 입은 언어의 비늘들이 홍건히 떨어져 있었다
송곳니가 뽑혀나간 자리에
독버섯보다 독하게 갈라진 말들
뼈를 뚫고 나온 뿌리들이 침묵의 출구 위로 뻗어 올랐다

젖은 이끼가 웅성거리며 등을 적시는 밤
검은 입술에서 자맥질 소리가 들렸다
오래전, 관 속 깊이 담가놓은 발에서 수많은 내가 돋아났다
떠나지 못한 사람들의 거친 숨결이
훅, 내 몸을 덮쳤다

이정환
≪시문학≫ 등단

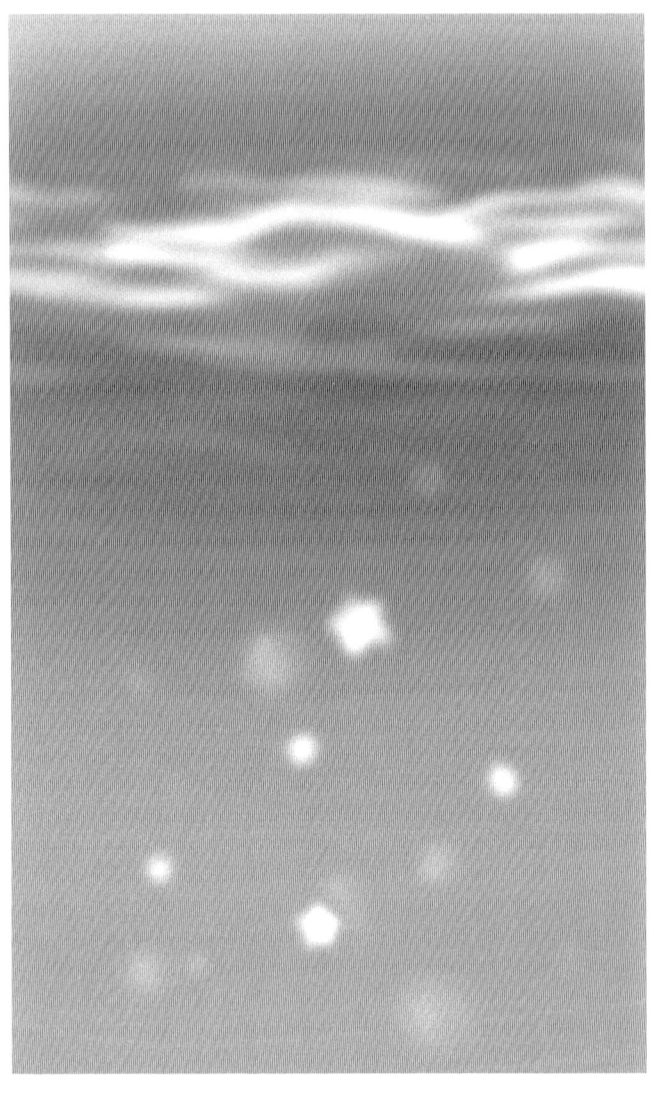

양순승

가슴 한 켠
흠집 많은 페이지
똬리를 튼
가슴앓이 두엇
툭툭
털어냅니다

폐차장 가는 길

고삐에 단단히 묶인 소나타가 마지막 걸음을 위해
길 위에 둥글게 발을 내려놓는다
가능한 한 길바닥과 더 밀착되어야 한다는 듯
긴장하는 마모된 걸음
낡은 몸 뒤쪽으로 그림자 힘없이 따라붙는다

녹색 신호등은 언제나 초록 수액이었지
직진의 주행거리가 마치 생의 승리인 양
의기양양했었지
그러나 평생 야성을 잠재우고 길에 순종했으므로
수없는 고갯길을 넘을 수 있었지

마주 오는 차의 헤드라이트가 번쩍,
빛날 때
순간순간 죽음이 뇌리를 스쳤지
내가 어두울 때 상대는 빛난다는 것
아니 상대가 빛날 때 내가 어두움을 인식한다는 것
생이란 언제나 상대적이지

빨간 신호등에 잡혀
생이 지체된다는 것은 또 얼마나 두려운 일인가
좌회전을 가리키는 화살표가 허공에 꽂힐 때
뒤따라오던 그림자가 잠시 고개를 숙였다 편다
죽음으로 가는 속도는 생명의 속도보다 빠르다

폐차장에 마중 나온 벚꽃이
걸음을 멈춘 차 위로
산화하듯 꽃잎을 뿌린다
마모된 발등의 검은 상처들에도
환하게 4월이 내려앉는다

흠집 많은 페이지 더 고소하다

배추를 반으로 자른다

켜켜이 적혀있는 미공개 파일
결마다 배추의 지난 이야기 빼곡하다

자간 촘촘한 이파리
걸음 잰 잎맥들 수다스럽다
뿌리 쪽 행간 심심한 줄기
쓸 말이 없었던 날이었을까
할 말이 많아 손을 못 댄 날이었을까
소금을 많이 쳐야 간이 맞을 페이지다

까맣게 딱지 앉은 페이지도 있다
다정이 병 되어 남긴 흔적 같기도 하고
성숙하느라 아팠던 기억 같기도 하고

포기 가운데쯤
나비가 되어 날아가지 못한 채
똬리를 틀고 있는 가슴앓이 두엇

미련 없이 툭툭 털어낸다

날마다 그날이 그날
모양새 비슷해도 제각기 다른 이력
한 잎 한 잎 떼어 씹어본다

흠집 많은 페이지 더 고소하다

저녁, 늦은

새끼 고양이들이 불안한 눈으로
어미의 가슴팍을 파고드는
시간

해의 심지가 짧아지고
가로등이 움켜쥔 불빛을
흔들어대는 바람 몇 조각
검은 날개를 파닥거린다

어린 것들의 두려움이 두꺼워지고
어둠에 뒤덮인 빛들이 돌아오는 길을 잃을까
막 세수한 개밥바라기별 하나
푸른 등불을 내걸고 방향 잃은 것들의
어깨를 위로한다

조급하게 째깍거리며 서툴렀던 내 하루
무릎을 접고 일기를 쓴다

풀등

통점의 관념을 내려놓는 일이란
거친 돌 제 몸 부숴 결 고운 입자 쏟아내는 일이다
쏟아내다 물결에 휩쓸려도 다시 돌아와
참회록 한 줄 적어가는 일이다

퇴적의 기록에는 숨길이 있다
눈높이 맞춰 수평선 바라보는 귀 밝은 갈매기
기꺼이 도반으로 둥지를 튼다

접질리고 넘어져 물에 떠밀려온 풀기 잃은 것들
바람에 솟구치다 가라앉다가
이상향을 향해 낮게 돋우는 새살
뭍으로, 뭍으로 발을 뻗는다

높은 것들의 시작은 모두
낮다

꽃멀미

찔레꽃 가시에 덥석 물렸다

실핏줄을 타고 비릿한 새물내가 길을 내면
투레질을 하던 기억들이 꿈속으로 들어가고
여백 사이를 흐르는 무채색의 바람은
내려온 길이만큼 비탈을 붉게 오른다

내소사 실금 간 격자무늬 문살에
몸 붙여 핀 마른 꽃들
목어가 싣고 온 파도 소리보다
더 맑은 울음을
운다

숨길을 만드느라 행간을 파고든 제대혈 유전자들
자벌레가 꿈틀거리다 무너뜨린 뒤축을
불티처럼 헤집고 다닌다

흑백사진 속에서 한 바가지씩 퍼 올린 푸른 달빛
어지럽게 향기를 쏟아낸다

그 밤 내내
울컥,
울컥하였다

양순승
2017년 ≪시문학≫ 등단
한국시문학문인회·한국문인협회 회원

김순길

한 번도 가본 적 없는
오늘이라는 길을
익숙한 척 달린다

3번 국도

앰뷸런스 경적을 물고 차들이 움직였다
유리조각과 핏자국을 밟고 길을 재촉하는 사람들
한 번도 가본 적 없는 오늘이라는 길을
익숙한 척 달린다

제아무리 눈치껏 끼어들어도
갈마터널 내리막 끝
영생원 앞 신호등에서 어김없이 만난다

허공에 매달려
대롱거리는 시간을 만지는 신호등 아래
일그러진 성난 눈썹은
급브레이크 자국이 분명하다

아무도 지켜지지 않는 제한속도 80킬로미터
계기판 속에
고장 난 브레이크처럼 겁 없이 달려온 삶이 아른거린다
군데군데 녹슨 상처에서 떨어진 조각
붉게 짓밟히는 길

차들의 질주에 녹은 아스팔트는 울퉁불퉁하다

시간보다 빨리 흐르고 싶은 욕망들이 굴러다니는 길
충혈된 두 눈 부릅뜨다 간간이 피 흘린 자리
한줄기 소나기가 냉각수로 쏟아진다

펌프

집마다 수도가 놓여있지 않던 시절
우리 집 마당 한쪽에 초록색 펌프가 있었다
땅속 깊이 슬픈 가지를 꽂고
거억거억 쉰 소리로
온종일 눈물 길어 올리는 낡은 손잡이에
어머니의 굳은살이 박혀 있었다
페인트가 벗겨진 손잡이에서 쇠 비린내가 났다

오래전 어머니와 함께 주민등록증을 만들러 동사무소에 갔었다
파마기 풀린 머리에 물을 발라 곱게 빗고 사진을 찍었다
오랜만에 바라보는 카메라 렌즈 앞에서
어머니는 무슨 생각을 하셨을까
사진에는 수줍은 미소가 어색하게 찍혀 있었다
우리는 지문을 찍으러 책상 앞으로 갔다
확실한 신분을 보장받는 백지 위에
손가락 도장을 찍었다
나의 서류에는 선명한 길이 나타났다

암담한 어둠 속에 두 손을 감춘 어머니가 슬픈 얼굴로 서 있었다
 검게 뭉개어진 어머니의 손끝에서 피 냄새가 났다

 집으로 돌아오는 오르막에서
 나는 어머니의 등을 밀어드렸다
 힘겹게 거푸거리는 어머니의 숨소리를 들으며
 아직도 내 마음속에 추억의 가지를 꽂고 서 있는
 유년의 펌프를 보았다

 고단한 삶의 손잡이를 내려놓은
 녹 슬은 어머니의 펌프에
 나는 한 바가지의 마중물이 되어 흐른다

침선針線

그녀의 몸속에서 재봉틀이 돌아간다
혈관을 파고드는 예리한 바늘 끝
평생 핏줄을 감고 산 그녀는
쉽사리 피를 흘리지 않았다

작은 어깨에 매달린 짐이 무거워
남몰래 가라앉은 무른 뼈들의
헐거워진 소리가 들린다

뼈를 잃고 무너져 내린 몸을
어디에 놓을지 몰라
허공을 구르던 그녀의 마른 숨결
엉킨 밀실 같은 고통의 줄을 달고
중환자실 침대 위에 부서지고 있었다

수술실 문 앞의 시간은 멀다
흘러내린 연골 대신 쇳조각을 끼우고
허물어진 뼈를 깎아 인공 뼈를 세워야 해
풀처럼 질긴 정신을 뚫고

나사를 조이면
웅크렸던 그녀의 시간이 물처럼 흐르겠지

낡은 재봉틀에 새 북통을 갈아 끼우며
미소 짓던 그녀의 얼굴이 떠올랐다
밑실과 윗실을 알맞게 조이며 고운 선을 박아내던
그녀의 시선은
얼기설기 옭아맨 등허리의 상처를 용서할 수 없었을 거야

시간의 톱니 위를 달리던 노루발을 들고
옷가지마다 운명처럼 붙어있던
마지막 실밥들을 떼어내던 시간

새 뼈를 뚫고 생명을 긷는 그녀의 등이 고단하다

바이올린

집요하게 파고들며 밀도를 조이는 냉기
혹독한 겨울을 넘긴 가문비나무에
활을 쏘아 올렸다

표적이 되어 쓰러진 나무의 가슴에서
진동하는 숲의 소리
건습의 시간을 넘나들어도
바람의 기억을 지울 수 없다

나무이면서 쇠로 울리고 싶은 욕망
주파수를 높이려 단단해진 몸통에
용암 속에서 녹아내린 쇠의 눈물을 바르고
어둠에서도 빛나는 명기로 살고 싶어
날카로운 고음도 부드러워야 한다는
이율배반의 진리를 조율한다

숨이 멎도록 팽팽한 목줄에
잔향으로 흐느끼는 카덴차

빈 가슴을 헤집는 활 끝에서
바람의 기도가 자란다

흑심

동그란 연필은 자주 굴러떨어져
떨어질 때마다 금이 간다
나무 내음 가득 묻힌 이야기
종일토록 조잘대고 싶었는데
곧은 등뼈가 휘청거렸다

부러진 연필심을 꺼내자
뭉텅뭉텅 허리 잘린 이야기들 함께 쏟아져
텅 빈 페이지 위에서 서성거렸다

나는 더 이상 부러지지 않기 위해
아픔을 해부한다
앙상한 손가락이 시려 장갑을 끼고
어줍게 써 내려가다 튕겨버린 글자
곱은 손안에 빙점으로 박힌 멍울
날카로운 칼날에 베인 심지의 비명

전하지 못한 말들을 입에 물고
숲으로 가자

자작나무 하얀 수피 가득
들리지 않는 고백을 적어놓고
붉은 입술로 봉인을 하자

달빛이 뱉어놓은 별들만 해제할 수 있는
우리의 암호
또박또박 침 발라 허공에 써놓고
흑심을 버린 연필을 가지 끝에 건다

물관을 타고 흐르는
새봄의 향내

김순길
≪과천문학≫, ≪시문학≫ 등단

김기덕

시를 읽는 것은
침을 맞기 위해서다
사맥을 살리는 자극
첨점의 언어가 다다른 명치에
불꽃이 인다

사각의 알레고리

모서리들이 각을 자랑한다

풍경의 시각이 못 박히며 만든 견고한 틀,
비틀린 각들은 서로 기대지 않았어도 인연으로 묶여 있다

뒤엉킨 의식은 붉은 카펫으로 깔리고, 그 위에서 눕고 잠자며 초라한 두 폭 초상화로 남은 철학자의 얼굴은 앙상했다

생각마저 죽어야 사는 사각지대

성모의 표정을 닮은 낡은 탁자들이 햇살을 입고 경계를 벗어난다 빗물로 깨달은 이음새가 자신을 놓아주는 실선에서

군상들은 지층의 프레임에 갇혀 흐느꼈지만 장방형의 무덤에 누워 사각은 어둠보다 짙은 물감으로 풀어지기 시작했다 해체는 자신을 버림으로 도달한 새로운 유형이었다

시계를 벗어난 우주는 비어 있고 불꽃의 얼굴들은 영원 속에 은광으로 서있다

각이 각을 얻음으로 이루는 해탈
틀에 박힌 기억들이 흩어진다 날개 돋은 모서리들이 옷을 벗는다

내가 보이지 않았다

악마의 빛깔

흑인 소녀의 손톱 같은 열매를 얻기 위해
피멍이 들던 하늘에
2달러짜리 태양이 시들면 쓰디쓴 밤이 찾아왔다

매를 맞으며 지옥불에 볶아져서 태어난 죽음의 빛깔
숯을 갈아 분쇄한
검은 뼛가루에 뜨거운 물을 부어 영혼을 거른다

창가엔 밤의 앙금만 남고
한 스푼의 천사와
한 스푼의 악마와
두 스푼의 사랑으로 믹스된
내 몸에도 에스프레소의 피가 흐른다

한 개비 고독과 절망이 타다 남은 타르와 니코틴처럼
몸에 스미는 마성의 수액
초콜릿이라도 믹스할까
검은 네 속셈에 크림을 부어봐, 하트가 그려지는지
아무리 백설탕을 넣어도 지워지지 않는

유혹의 빛깔이 독해질 땐 휘핑크림이라도 넣어야지

어둠을 바람의 스푼이 휘젓고 가면
별들이 각설탕처럼 녹는다

달의 입술에서 생크림 빛이 흘러내려도 여전히 캄캄한 창밖
흑인 영가 소리를 내며 나뭇잎들은 떨고
까마귀의 검은 눈동자가 물결의 파문으로 흔들린다

어둠을 마실수록 환해지는 새벽

흑인 소녀의 영혼을 마신 혀끝으로
향기로운 악마의 잔상이 노을처럼 감긴다

사막 건너기

섞일수록 몽롱해지는 풍경 속에서 서로의 사구를 핥았다

모래바람이 쓸고 간 알몸의 공간은
채찍의 주름들로 숨이 막혔기에
뼈가 굳어진 나무에서 새들은 날아오르지 않았다

건조한 속삭임이 그늘을 만들지 못한 곳으로
내딛던 무의식의 걸음들

비가 오리라는 믿음이 가시를 키웠다

집착으로 자란 모래폭풍이 몰려온 후
날 선 언어들이 떠다니는 어둠 속을 등 굽은 낙타가 되어 걸었다

잠식되던 달의 영혼
발자국엔 젖은 눈이 담겨있었지

모래들은 용솟음치며 날마다 몸에 새로운 무늬를 그려 넣었다

사람들은 헤어진 날을 사막이라 불렀지만
나는 뜨거운 만남을 사막이라 부른다

눈을 뜰 수 없는, 길 없는 길 위에 쏟아져 서로의 능선을 넘어야 했던

뒤집힌 모래시계 속에서
휘몰아치는 후폭풍으로 몸을 가눌 수 없는 낙타 한 마리

비틀거리며 검은 태양 속으로 곤두박질하는

칼의 꽃

생의 반쪽들이 갈고리에 걸려 물구나무를 섰다

0을 가리키는 기울기의 눈금엔
잘려진 시간이 핏물로 고여 있었다
칼을 맞고 일어서는 냉동의 살들
해체의 의미 속엔 뼈도 눈물도 없었다

세월의 등살에 새겨진 물결무늬는 하루가 풍랑이고 폭풍이었다
푸른 도장을 받기 위해 문자와 글자들의
건초더미를 되씹던 언어의 사체에서 한 근의 채끝살을 바르기 위해
살아서 고뇌 중인데

죽은 자의 칼이 산자의 살을 바른다
광란의 바람이 이는 ㄱㄴㄷㄹ

소가 환전된 금고를 열면 목쉰 방울 소리가 울렸지
벌판에서 울부짖던 메아리들만 뼛속을 맴돌았다

난도질할수록 부드러운 칼의 속삭임
현란한 혀의 놀림에 상처는 깊었다

무덤 속 벌레들의 섬뜩한 미소 같은 하늘을 품고
되새김질해온 말씀들이 일어나 칼춤을 춘다
헝겊처럼 얇게 썰어지며 리듬을 탄다

해의 시즙이 묻어나는 언덕 위로 밤새 뚝뚝 떨어진 꽃무늬들

이글거리는 불꽃 속으로 눈송이들이 몸을 던진다

가위가 오린 풍경

하늘을 오린 가위들이 황사로 날아왔다
찢긴 헝겊 조각처럼 펄럭이는 모래바람

가위질할 수 없는 밤과 아침 사이로 빠져든 도시는 사막에 잠기고
낙타로 깨어난 차들은 느릿느릿 사구를 넘었다

죽은 태양을 파묻은 땅에선 검은 연기가 피어올라 비릿한 악취가 풍겼지
스펀지 같은 폐에 꽂힌 바늘들은 찢긴 상처를 꿰매지 못해
수풀로 짠 바람을 밀어 넣어도 숨을 쉴 수가 없었어

찢어버리고 싶은 하루의 졸린 책장을 오리면
태양은 다시 떠오를까. 꽃과 아이들, 이슬방울 영롱한 아침과 가위를 부서뜨릴 바윗덩어리. 가위! 바위! 보!

간밤에 내 몸을 짓눌렀던 검은 가위는 어디부터 나를 오려내고 싶었을까
담배연기 찌든 폐, 이미지를 상실한 뇌

황사로 뿌연 내 가슴 한 귀퉁이도 오려내고 싶었겠지만
난 공포감으로 상영 중인 가위 꿈의 필름을 소리 내어 잘라냈어

비단 폭처럼 찢어진 어둠 속에서 보았던
잠든 여인의 눈부신 속살
등 돌린 창가에서 그믐달이 새벽을 꿈꾸고 있는 것을
아침이 동녘부터 야금야금 오려져 능선을 만들어가기 시작했어

흐린 유리창을 오리면 무지개가 뜨던
오늘 밤 머리맡엔 어머니가 쓰시던 가위 하나 놓고 자야겠다

김기덕
≪시문학≫ 등단

권순용

노을이고 싶었다
결이 삭아 부드럽게
무르익으면
내 놀던 터전에
한 자락
깔아놓아도 좋을

푸른 연등

등불을 밝히고 기도에 든 복숭아나무
부처님의 말씀을 주렁주렁 매달았다

풋것들의 꿈이 영글어갈 때까지
새들의 입맞춤에도 노심초사하는 어머니

법당 앞에 가족을 세며 등을 달고
촛불을 켜는 투박한 손에서
자비의 언어가 깨어난다

나무의 건강과 꽃들의 화목을 위해
망자의 저승길까지 밝혀도
자신의 안위는 뒷전이다

맨살의 촛불을 지키는 지등 같은 보살님
무지개 불빛을 온누리에 뿌린다

사다리를 타고 하늘 가까이 오르면
신을 만날 것 같아 오르고 또 오르며

황금 열매 나누고 싶은 보시의 꿈
향기로운 땀방울로 만개의 등을 달았다

무의도

썰물을 보내고
발이 묶인 빈 배
수평선 바라보며 시간을 낚는다

쭈글쭈글 뱃가죽 드러낸 갯벌도 누워
밀물로 돌아올 사람을
기다리다 잠이 들었다

비릿한 말목에 그물 길이 잠기면
갈매기 떼 날아올라 무희가 되었지

밀물의 장단에 맞추어 어깨를 들썩이는 나무들
풀들도 몸을 흔든다

수평선만이 육지로 향하는 길이었어
해가 질 때마다 가슴 적시며
노을은 불타올랐지

둥, 둥, 둥

파도의 북소리
무의를 걸친 섬은 둥실 떠올라
바다 한가운데서 노를 젓는다

풀려난 배들도 출정의 바람소리에
깃발을 흔들며 군무를 춘다

나비의 문장

창가에 서성이는 봄을 스케치한다
팡팡 터지는 꽃들의 호들갑
화답하는 날갯짓에서 푸른 문장을 만났다
한가로운 구름까지 끌어들인 빽빽한 밑그림은
숨이 차다
물올라 빨개진 참꽃 한 송이 화폭에 담지 못하고
덧칠을 반복하는 것은 서툰 붓질 때문이다
시간을 찾아가는 풍경은 파노라마로 펼쳐지는데
잊히지 않는 문장이 아지랑이로 어린다
온전히 소유하고 싶은 욕망
바람과 햇살이 드나들 여백이 없다는 걸 몰랐다
절정의 마침표를 찍지 못하고 가만히 붓을 놓는다

계절을 건넌 풍경화
붉은 나비가 행간을 날아오른다

저승꽃

한 가닥 실핏줄에 목숨 걸고
누워있는 벚나무
초라한 모습으로 화사하게 허세를 부려본다
다소곳하던 어머니 환하게 웃어 본 적 없이
새끼들의 울타리가 되어
바위등걸 같은 고목이 되었다
질퍽했던 세월 속에 곰삭아
결 고운 백발이 되었다
늙은 벚나무 와불 같이 누워
나는 괜찮다 걱정마라 하시는 어머니의
저승꽃 미소가 하얗게 번진다

담쟁이의 꿈

맨몸으로 절벽을 오르는 클라이밍 선수
위아래 좌우로 눈동자를 굴리며 루트를 찾는다
홀더를 잡은 손은 바들거려도 심장은 뜨겁다
바위틈에서 희망을 더듬는 발걸음
설렘과 두려움이 엇갈린다
깎아지른 절벽에서 숨은 맥을 찾는
가냘픈 덩굴의 숨소리
담벼락에 떨어질 듯 매달린
연두의 몸들이 그물을 엮는다
시간을 삼킨 실핏줄 뻗어 오른다
끈질긴 습성
절벽을 누비는 긴장감이 밀려온다
성공과 추락 사이
홀더를 놓친 낙엽들이 추락하는데
혼신의 힘으로 버티는 꽃들은
흔들릴수록 강해진다
암벽의 정점을 향해 오르는 이파리들
하늘에 닿아 초록별이 된다

권순용

≪과천문학≫ 등단 ≪한국문인≫ 등단
시집 『눈꽃 한 번 피어보려고』
율목시민문학상·과천예술문학상 수상

지창영

말 아닌 것들이
말처럼 돌아다니는 세상
어떤 말을 해야 할지 말문이 막힌다
그래도 말을 살려서 말을 기르고
말을 다듬고 말이 되게 하는 것이
시인의 운명 아닌가

플라스틱 눈물

언제부턴가 눈물이 싱거워요

투발루[1]는, 나라가 통째로 잠겨 간대요
해수면이 야자수 머리까지 차오르면
플라스틱 잔해들만 둥둥 떠서
구원을 받고 영생하겠지요

세계를 점령한 위대한 플라스틱은
빙하를 녹이는 힘을 가졌대요

섬나라 농장에 바닷물이 침투하여
플루아카[2] 뿌리가 썩어 들어가자
플라스틱이 단숨에 점령했지요
자급자족은 이내 전설이 되어 버렸어요

플라스틱, 그 맛을 알아요

---

1) 투발루: 해수면 상승으로 사라질 위기에 처한 태평양의 작은 섬나라
2) 플루아카: 투발루 사람들이 수백 년간 주식으로 재배해 온 식물

조상 대대로 나서 자라고 묻히던 땅
두엄이 썩어 비료가 되듯
모든 것이 발효되어 밑거름으로 순환하는 땅에
달콤한 초콜릿을 품고 점령군으로 들어와
여기저기 알박기 하더니
아예 눌러앉아 주인 행세하는 제국주의의 포장지

그 유혹에 인류는 일찍이 순응하고 말았죠
그 위세에 맞서 저항하기를 이미 포기했죠
포로가 되어서도 헤어나지 못하는
그 몽롱한 편의주의 처방

기억을 위해
투발루를 디지털로 옮긴다고 해요
하지만 눈물이 짠 사람은
디지털 나라에서 살 수 없어요

플라스틱이 태평양을 점령하고
서서히 혈관으로 흘러들고 있어요

눈물이 자꾸만 굳어 가요

이제 우리도 구원을 받게 되는 건가요?

하얀 밤

마주 보고 포개져 있는
책과 공책의 수상한 체위

저렇게 깊은 밤을 보내고도
하늘과 땅 사이에는
잉크 한 방울 흔적도 없다

홍건한 먹물을 빨아들여
시 한 편 배고 싶은 백지의 꿈은
날이 밝도록 황량한 불임의 땅

봇물 가득한 활자들을
왈칵 쏟아붓지 못한 것은
밤새 눈을 부릅뜨고 있던
형광등 탓이었을 게다

이제는 스위치를 꺼야 할 때
대지의 페이지에 스며드는
빛의 서사시를 받아써야 할 때

달빛 미스터리

야수의 이빨 같은 철창 안에
동지의 눈빛을 묻고 돌아온 날도
달빛은 천연덕스럽게 도시를 비춘다

빌딩 숲 스카이라인이
주식시장 그래프처럼 오르내려도
속 깊은 술잔은
그림자 속에서도 요지부동이다

디지털 신호를 머금고
질서정연하게 깜박이는 아파트 창들이
그윽한 별들의 세계를 차단하고
부동의 가로등이 쏟아내는 감시의 눈초리는
고문처럼 잠을 허락하지 않는다

키재기하는 빌딩들을 구겨 담고
꽃바람에 흔들리는 잔가지를 띄워
잔을 기울여도 기울여도
기울지 않는 달은

나의 잔을 채우고 나를 채운다

몇 방울 피를
철근과 콘크리트로 덮어 숨기고
천연스레 발돋움하는
마른 뼈들의 골짜기

꽃입술 속삭이는 바람결이 거슬려
빈 잔을 던져 버리고 바다로 내달리면
달빛은 파도 속에서
왜 그리도 속절없이 부서지고 있는지

거미의 도시

아홉 가닥 거미줄이 최면을 건다
좌표를 찾아 이리저리 구르는 동안
안구는 건조해지고 핏발이 선다
거미줄을 사이에 두고 너와 나는 서로 표적이 된다
빨리 쫓고 빨리 숨고 빨리 쏘아야 살아남는다
심장을 찔린 여자는 고개를 떨군 채 흔들리며 순환선을 맴돌고
날개가 꺾인 남자는 얼굴을 덮은 채 계단 밑에서 코를 곤다
번쩍이는 광고판에는 탐스러운 먹이들이 전시되고
팔과 다리를 거미줄에 걸어두고 잠을 청하는 사람들은
거미가 되어 나비를 후리다가 화들짝 놀라 깨어나곤 한다
아침마다 날개를 펼쳐 수천 리를 날아도
저녁이면 다시 붙들려 와 제자리에서 버둥거리는 사람들
거미줄을 따라 먹잇감을 좇다가
거미줄에 걸려 먹잇감이 된다

얼마나 많은 피를 수혈하면 쇠그물에 온기가 돌아올까

널브러져 있는 뼈와 뼈가 다시 만나 살이 붙고 피가 돌고
마침내 이슬방울들을 보석처럼 매달고
빛나는 아침의 해를 불러올 수 있을까

을왕리, 밤 아홉 시

인공눈물로 눈을 적시고 올려보는 하늘
별빛과 불빛이 구별되지 않는다
깜박깜박 이동하는 불빛들은 항공기일 게다
한 쌍은 오른쪽으로 또 한 별은 반대쪽으로

땅에서 한순간도 발을 뗄 수 없는 나에게
어두운 밤 저렇게 높이 나는 사람들은
그냥 별일 뿐이다
어쩌면 내 곁을 스쳐갔을 수도 있는

방파제를 때리는 바닷소리가
기타 선율을 삼켜도
까르르 웃음소리를 달고 치솟는 불꽃들은
제각기 정점에서 반짝반짝 터지고
낚싯줄에 목을 매단 야광 찌는
물결에 흔들리면서도 틈틈이 별빛을 훔친다

렌즈를 통과한 별들이
망막을 모래알처럼 긁어 대는 밤
바닷물이 울컥 바위 턱까지 차오른다

지창영

충남 청양 출생, 문학박사
2002년 계간 ≪문학사계≫ 등단.
시집 『송전탑』

김미향

심해에서 저음으로 깔리며
멈추지 않는
격정의 바다를 건너왔다
악보의 열두 번째 마디에서
소용돌이치며
시간은 여울이 되어 흘렀다
상류로 치닫는
절정의 노래를 부른다

아름다운 학교

무딘 칼날을 벼려
노을을 베어내고 구름을 붉게 물들인다

불씨를 묻은 저녁은 꽃을 피우는데
선생님의 밥상머리 교육은 시작되고
사랑과 이별의 황금비를 계산하고 공식을 외워본다

속을 끓이던 물은 열기를 내뿜고
꽃잎들이 들썩인다
혼돈의 양념이 마구 섞이는 하늘
수업 시간에 안개가 쏟아졌다
우리의 머리는 한쪽으로 기울어졌으므로
짜디짠 눈물의 간을 맞춘다

금세 잊히는 레시피 속에서 자퇴를 꿈꾼 적이 있다
접시를 돌리다가 떨어뜨려 손을 베었다

날것들이 익어가는 동안
나뭇잎은 무성해지고 가지가 자랐다

만찬장에서 연필 잡은 손들이 분주하다

메질과 담금질로 단련된 열매를 접시에 올리고
식탁에서 둘러앉은 감독의 표정을 살핀다
끓고 있는 노을이 졸아든다

행간

가을과 겨울 사이 틈이 젖어있다
제목도 없고
해설도 없는 복잡한 문장의 행간에서
누수가 계속된다
울음을 참던 하늘이 왈칵 눈물을 쏟고
이별 속에 내리는 비는 나를 젖게 만든다
수리공을 불러도 새는 곳을 막을 수 없다
빗물 스며든 나무는 결이 풀어지고
당신 없는 빈자리에
젖은 이파리가 몸살을 앓는다
기억의 신열이 오른 플라타나스
퇴색되는 잎들이
수식을 벗어던지고 직설을 택한다
때늦은 후회는 비켜 간 길 위로 떨어지고
약속의 문장들이 통편집된다
묘사에 실패한 나무가 비에 젖는다
흩어진 이름을 불러보았지만 채워지지 않는 계절
체감의 일교차가 커지자

동네 병원은 감기 환자로 북적인다
떠나야 한다는 생각은 미련으로 남고
단락을 나눌 겨울은 아직 도착하지 않았다

현기증

 원심력과 구심력이 팽팽히 맞서는 버스 뒤칸은 멀미가 난다
 회전목마를 탄 계절이 다시 돌아와
 모퉁이를 돌아가면 몸은 바깥으로 쏠린다
 균형을 잡아주던 꽃대가 중심을 잃어
 나뭇가지를 붙잡고 흔들릴 때
 차창 밖으로 보이는 길바닥이 울퉁불퉁하다
 터널 안에서 소리들이 공명하는 봄
 꽃봉오리 안쪽은 벌들로 북적인다
 바깥으로 꽃잎을 열고 너의 말을 듣는다
 내 질문에 수십 개 매달린 대답이 바람에 펄럭인다
 나무는 빈혈을 앓고
 얼굴로만 몰려드는 하얀 목련
 소용돌이치는 꽃무더기에서 빠져나오기 위해 몸부림친다
 차는 환상으로 통하는 길을 달린다
 다가오지도 않고 멀어지지도 않는 곳에서
 달은 자전과 공전을 하고
 불타는 별똥별이 궤적을 그리며 추락한다

회오리가 일어나며 꽃의 소리를 뭉갠다
새잎이 돋아나려는지 가슴이 자꾸만 울렁거려
나는 차에서 내려 봄을 토해냈다

꽃샘추위

자습시간을 빼먹고
말자와 함께 태화극장으로 달려갔다
한 바퀴 돈 필름이 상영되는 재개봉관
학교에서 가르치지 않는 연애 강의를 한다
영사기에서 쏟아지는 한줄기 환상 속으로 빨려 들어갔다
낡은 스크린 안의 금기된 세상에서
몸의 비밀을 훔쳐보았다
남자의 눈빛에 사춘기는 속절없이 활짝 핀다
스크린 밖의 봄은 황사바람으로 몰려왔다
교실 창문 너머 매달린
벚나무의 봉긋한 가슴을 보고 알았다
꽃봉오리는 부푸는데 온몸에 불어오던 맵찬 바람
복잡한 공식이 머리를 스치고
공책에 쓰인 숫자들이 하얗게 얼어붙었다
칠판 앞에서 청춘의 정답을 요구하는
수학 선생님의 눈초리를 피해
만끽하는 봄
밥상머리에서 예절을 핑계 삼아 불호령하던 아버지의 얼굴을 잊고

뿌리들은 봄날을 향해 뻗어갔다
물오른 줄기들이 흥건히 젖어갈 무렵
문 앞에 어른거리는 주임 선생님의 얼굴
갑자기 몰려온 눈보라를 피해
말자는 화장실로 나는 옆문으로 정신없이 튀었다
벚꽃마저 시들한 봄날
꽃잎이 오그라들고 몸을 떠는 가지들
통금시간은 아직 해제되지 않았다

연어 칸타빌레

물결 속에 음표가 헤엄친다
음계를 짚으면 흘러나오는 푸른 멜로디
돌아오기 위해 파도가 되었고
떠나기 위해 바람이 되었다
밤하늘을 관통하는 은하수를 찾아서
잠들어도 늘 깨어 있었다
파도를 만나 고음으로 흔들리고
심해에서 저음으로 깔리며
멈추지 않는 격정의 바다를 건너왔다
악보의 열두 번째 마디에서 소용돌이치며
시간은 여울이 되어 흘렀다
상류로 치닫는 절정의 노래를 부른다
모서리에 부딪힐 때마다 반음씩 떨어지던 불협화음
피아니시모와 포르테시모 사이를 오가며
흔드는 꼬리 끝에서 은하수가 흩어졌다
이탈하지 않으려고 물의 선율에 음을 맞춘다
지느러미에 힘을 주고 악보 속으로 한 옥타브 도약할 때
튀어 오른 폭포에서 하늘을 보았다
마지막을 위해 처음으로 돌아가는 절창의 다카포

혼신의 아리아는 계속된다

김미향
2018년 ≪시문학≫ 등단

안순옥

허리 굽혀 함께한
반나절의 선물
아침 밥상에 오른
당신의
따뜻한 체온 한 접시

화석

공룡의 뼈가 묻혀있는 타임캡슐에 승차했다

시원의 정적을 깨고
시간의 화석에서 부화하는 공룡
마그마의 심장이 팔딱거린다
소금을 먹고 자란 바람의 초원
층층이 쌓인 떡시루 언덕에 수놓인 나뭇잎 물고기
아침 햇살도 경건히 무릎을 꿇는다

우주의 언어가 압축된 결빙의 시대
자서전을 쓰던 뼈들이
음각과 양각으로 판화되어 있다

암흑의 세월을 건너낸 지층 속에서
초록의 말씀을 새기며 자란 공룡들이
무리 지어 뛰놀고 있다

밀봉된 시간의 화산재를 쓸어내고
뼛속 깊이 새겨진 상처의 무늬를 치료한다

캄캄했던 동공이 밝아지면
뼈를 맞춘 공룡들이 세상 밖으로 걸어 나온다

분신分身

파마머리 같은 고사리 한 뭉치 물에 담갔다
깡마른 몸 세상 움켜쥐었던 손들이
스르르 풀리며 상처를 드러낸다

택배 박스 속에 몸 숨기고 오신 어머니
주소란은 삼 년 전 봄을 알린다

녹색 치맛자락 바람에 날려 들녘을 물들이면
무덤가에 꽂혀 있는 어머니의 비녀들
발자국 소리에 귀 기울인다

육 남매 안아주던 손을 흔들며
내 손에 쥐어준 물음표
화살 같은 푸른 나날들
쉬엄쉬엄 쉬어가라 쉼표 한 줌 쥐어준다

낮은 자세로 살아라
허리 굽혀 함께한 반나절의 선물

아침 밥상에 오른 참기름과 버무린
당신의 따뜻한 체온 한 접시

가을의 방

알곡을 떠나보낸 볏단이
어둠이 내리는 벌판에 비스듬히 서 있다

유리조각처럼 깨진 논바닥에 눈물 고인 발자국들

베어진 그루터기마다 구멍 뚫린
태풍의 얼룩이 선명하다

알곡을 꿈꾸며 어깨춤 추던 들녘은
마음의 금을 긋고 빈방으로 남았지

새들도 찾지 않는 방에 홀로 누운 허수아비

헝클어진 어둠 속에 지푸라기 몸을 뒤척이며
햇살 한 줄기 끌어당겨 보지만

바람이 후려칠 때마다 툭툭 잘려 나가는
기억의 뼈들

침묵의 방에서 길을 잃는다

정육점

절명한 영혼들
부적으로 위로하는 가게에는
눈물 마른 지 오래다

정교하게 재단된 편린마다
얼음으로 썰린 단면들이 섬뜩하다

도마 위 붉은 부챗살의 마블링 상형문자
철분 결핍에 쓰러져 몸부림쳤던
파도의 날들이 적나라하게 적혀 있다

장송곡의 바람이 이는 도살장에
칼들이 현을 켜면
붉은 기억 한 줌씩 떨어져 나갔다
철조망에 갇혀 꿈꾸던 초원

유리창에 핏물이 튀긴 노을이 번진다

응어리진 백골들이
불 속에서 뚝배기에 담겨 부글거린다

아로니아 농장에는

햇살이 꽂힌 농장에는 중매쟁이들 분주하다

박하사탕 화환 늘어진
꽃가지를 젖히니 해풍에 머물렀던 고백들이
여기저기 부끄러워 고개 숙인다

아마 며칠 더 지나야 쏟아놓을 듯한 문장들
비비새가 온 들녘 헛소문 퍼뜨린 건 아닌가 보다

한여름 밤
폴란드 평원을 건너와
70도 건조기에서 72시간 견딜 수 있었던 건
치명적인 사랑 때문이었다

아픈 만큼 농축되는 달고 시고 떫은 성분들
저 사랑의 열매를 먹으면
샛별처럼 나의 눈도 밝아질 것이다

밤마다 별빛이 씻어주던 눈망울들

어둠에 젖은 농장에서 샛별처럼 반짝인다

안순옥
2016년 ≪시문학≫ 등단

이정금

축제 속에
비상하는 새가 되기 위하여
푸른 심호흡을 한다

데칼코마니

재래시장 포목점을 돌아 나오는 순간
엄마의 커다란 한쪽 날개와 부딪쳤다

그늘에 가린 나머지 반쪽의 날개가 기형으로 흔들린다

눈을 뜨고 있는 절박한 시간 속에 물감을 짜 넣으며
자식들 나비 되어 날아가라고 몸을 펄럭였다

마른 물감이었다
유화제 없이 밀착된 순간부터
산소 결핍으로 허덕였다

이상과 현실의 끈을 잡고
나는 나비의 몸짓으로 꽃가루를 묻히고
향기를 날리고 싶어 버둥거렸다

그 모퉁이
나의 이쪽과 엄마의 저쪽
나비를 날리지 못한

나비가 되지 못한 하나의 그림

계절이 접히는 사이마다 양쪽의 몸에서는
마른 물감이 부슬부슬 떨어진다
접었다 펼 때마다 단풍이 진다

초보운전

매서운 추위가 두려웠을까
이제야 초여름 햇살에
흐드러진 들꽃을 보니
겁 많은 나를 보는 듯하다

운전을 배울 때도 남들 다
쌩쌩 차 몰고 다닐 때
건강 운운하며 걸어 다니다
뒤늦게 대열에 끼었고

친구들 일찌감치 아들딸 낳아
군대 가고 시집 보내는 나이에
결혼도 했다.

모두들 요리조리 끼어들어 차선도 바꾸고
라디오 볼륨 높여 신나게 달리는데
화물차 클랙슨 소리에 기죽어서
진땀만 버적버적 흘리며

인생사 두려울 것 없는 듯
목소리 큰 아줌마들 틈에서
톤 한 번 높이지 못하고 따라간다

앞지르기 잘하던 차도
앞만 보고 한길만 가던 나도
똑같이 신호등에 걸렸다

세상을 호령하던 사람도
뒤처져 눈치 보던 이들도
너나없이 종착역에 이르는데
서로 아파하며 산들 또 무엇하나요

삶 앞에서 우린 모두가 초보운전인 것을

피자

아이의 방에 피자를 닮은 시간표가 걸려있다
무지개로 그려있는 토핑들이 미각을 자극한다

달거리가 차야 원형이 되는 성숙의 이치
아이가 초승달 피자를 떼어 문다

물방울이 튀듯 째깍거리는 초침이
톱니를 물고 굴렁쇠로 굴러왔다
오색 물감을 들여 무지개떡을 만들던 달 속의 토끼는
더 이상 방아를 찧지 않는다

서랍 속에 잠들어 있던 손목시계의 태엽을 감아본다
소리가 절룩거린다
뚜껑을 열고 내장을 들여다보니
탄력 잃은 시간이 고무줄로 늘어져 있다

부푼 반죽 속에서 발효되는 아이가
도우 위에서 째깍거리며 피자를 만든다

구수하게 퍼지는 기억들이 치즈로 녹아들고
시침으로 돌아가는 햇살은 시린 눈자위에 몇 개의 무늬를
얹고 있다

시계추처럼 제자리에 머뭇거리는 내게
아이가 피자 한쪽을 건넨다

번지점프

절벽에서 떨어지는 꿈을 꾸고 나면
키 크느라 그런다는 어른들 말씀
성인 통과의례처럼 여기저기 청약통장을 넣어봐도
표준미달이다

점프대를 용기 내어 올라가 본다
발아래 내려다보이는 고층이 좋겠지
눈높이를 맞춰놓고 뛰어내릴 허공을 둘러보면
아찔한 긴박감에 식은땀만 흘리고 내려온다

매년 한 번씩 올라가 보지만
천정부지의 창문에 반사되는 햇살로 눈이 멀어
맹인처럼 되돌아온다

미로 같은 건물마다 해독하지 못한 숫자들이 어지럽다
저 많은 점자들의 암호는 무엇일까

번지칡넝쿨로 다리를 묶고 원시림으로 뛰어내리는
펜테코스트의 소년들이 무지개처럼 눈웃음을 짓는다

나도 번지코드를 몸에 묶어 본다
요원들의 지시에 따라 눈높이를 낮추고
한결 가벼워진 몸에 꿈을 얹어 보기로 한다

남태평양에 봄이 오면
축제 속에 비상하는 새가 되기 위하여
푸른 심호흡을 한다

주민등록증

구 주민등록증을 반납하던 날
지갑 속에 숨어있던 내 얼굴이
배시시 웃으며 나왔다

맑고 뽀얀 솜털에 싱싱한 웃음
물오른 꽃봉오리 같은 두 볼
짧은 단발의 젊은 청춘은
추억 저편으로 전출되고
새로 받은 중년의 낯익은 얼굴

전철을 타고 가던 어느 날
문득 건너편 유리창에 비친 내 모습에서
발견한 엄마의 얼굴이
거기 쓸쓸히 박혀 있었다

주름진 세월 화장으로 가리우고
손톱 밑에 굳은살 박이도록
자식들 위해 삯바느질해 오신 어머니

바늘 한 땀 한 땀 피 맺히던
어머니 사랑 그리워
그 얼굴 손때 묻은 내 지갑 속에
차마 묻을 수 없어
가만히 가슴에 품어 봅니다

이정금
≪시문학≫ 등단

이영선

창을 달았다
바다가 잘 보이는
하늘이 잘 보이는
이곳에
자주 깨어나
웃는다

동승 면허증

 운전석의 남자가 시동을 건다 조수석의 여자도 시동을 건다 남자는 몇 킬로미터를 달리고 또 달려서야 안전벨트를 매는 습관이 있다 여자는 그런 하루가 눈에 거슬려 못마땅하다 남자가 액셀러레이터를 밟는다 차선을 밀치고 들어가는 여자의 브레이크에 남자는 수시로 걸린다 남자가 핏대를 올리며 직진하는 여자를 가로막는다 사이드미러 바깥으로 튕겨나간 여자. 울화가 치미는 가시거리에 남자를 불러 세운다

 그 얘기가 아니잖아.

 차도로 밀려드는 차량들. 시야를 가리는 안개. 작동이 멈춘 와이퍼. 고르지 못한 주파수. 머릿속에서 순탄치 않은 행선지가 감지된다 "동승할 수 없는 진입로로 진입하셨습니다" 차선은 지워지고 돌아 나갈 출구는 보이지 않는다 여기저기서 경로를 이탈한 전조등이 깜빡거린다

 끼어들지 마.

나들목 코너링. 브레이크에서 한시도 발을 떼지 못하는 여자. 남자가 핸들을 꺾을 때마다 온몸으로 하루를 버티는 사이

차량번호 0000 멈추세요.
두 분, 도로교통 위반하셨습니다.
면허증 좀 보여주세요.

컴퓨터를 끄지 마세요

업그레이드 중입니다
컴퓨터를 끄지 마세요

엄마 사는 방식을 강요하지 말라고

오류를 일으키는 파일들
너의 텍스트가 호환되지 않아
두드리던 자판을 멈추기로 한다
울 세탁 의류는 비틀어 짜면 안 되지
잠시 호흡을 늦춘다
파란 불이 깜박거린다

멀쩡한 식기들을 싱크대에 처박는다
접시와 접시들이 서로 부딪힌다
지금은 업그레이드 중이다
15%에 머물러 있다

식기들을 선반 위에 엎어 놓는다
빨래에서 구정물이 흐른다

건조한 아침이 축축해진다

이 작업은 시간이 오래 걸립니다
30%에서 꼼짝하지 않는 컴퓨터

잘못 수신된 우편물을 반송하고
수챗구멍에 대해 필사적으로 골몰한다
왜 구멍은 막힐 수밖에 없는 구조일까
메워지지 않는 틈은 **빠져나가기도** 어렵다

컴퓨터는 55%에서 그대로 멈춰 있다
굳게 닫힌 방문을 두드린다

밥 먹어.

업그레이드 중입니다
컴퓨터를 끄지 마세요

웃음의 발견

같은 말로 다른 말을 하는 우리는 모두 웃는다

사람들이 웃음 너머로 나를 구겨 던져요
미소 짓는 얼굴로 눈살을 찌푸리고

딱히 의도는 없어요

우리의 심장은 허풍으로 부풀어요 눈물을 쏟았는데 웃음이 묻어나고 이러다가 죽을 수도 있을 것 같은데 우리가 전염시킨 건 행복이래요 깔깔깔 죽다가도 사는 세상 등받이 없는 의자에 앉아 몸을 뒤로 젖히는 상상에 젖어요 옆구리가 찔리면 개구리 뒷다리 무조건 아님 말고 민낯까지 현란해진 혀의 놀림. 그곳에는 배후가 없어요 모든 것은 아무도 몰래 가능해져요

강아지가 인형을 사정없이 물어뜯네요 나는 입술을 물어뜯고요 검은 코가 자꾸만 실룩거려요 킁킁, 냄새는 맡는 것이 아니라 핥는 거라고 어느새 촉촉해지는 입안. 저런, 물어뜯긴 인형이 여전히 웃고 있어요 사지가 뒤틀리고 꺾

어진 채로. 아, 해체되는 신체

  비非를 조심하세요
  괜찮다는 말이 정말 괜찮지 않게 돌아올 때
  오해받기 딱 좋은 우리들
  일생 동안 격렬하게 흔들어줄 꼬리를 기억하며

  기표로 덧씌워진 엷은 공기로
  하나는 들이쉬고 하나는 내쉬고
  행간마다 마음도 새고 모양새도 새는
  이것은 웃음 나라의 체험담입니다

  유동식 접시를 추천할게요
  한세상 호탕하게 후루룩
  배꼽 빠지게 살다가 유쾌하게 다 비우고 가는

통화 중

벚꽃 날리는 봄밤을 놓칠까 꽃잎들 안고
나비는 춤춘다

시속 140km에 소주 두 병
핸들 돌려 거침없이 악셀러레이터를 밟았다

정신 말짱해.

울퉁불퉁해진 도로
길게 늘어진 가로수를 달그림자가 덮쳤다
과속 방지턱 너머로 유리 파편이 박히고
심장 박동이 앰블런스에 가속으로 교전된다
전복된 차 안에서 주파수를 찾아 헤매는 불빛이 깜빡인다
통화 중인 단축번호 1

사랑해.

깨진 액정 화면이 바닥에서 진동한다
반쯤 지워진 아스팔트 위에

허공을 빨아들이는 신음소리
나비는 봄날의 마지막 진액을 모조리 뿜는 중이다
꽃잎을 가득 싣고 멈춰버린 시간을 달린다

전화기

저녁마다 전화기가 어머니를 배달했다

"와, 전화 빨리 안 받노?"

투박한 수화기에 금 가는 소리가 잡히면
씁쓰름한 표정도 미끄러져 들어가
회오리선 배배 꼬인 입안에 꽂혔다

디지털 신호 칼칼한 맛이 위장을 긁어대면
품에 안긴 아이의 환한 미소가 다독다독 상큼한 맛을 냈다

"니그집 전화기는 언제 쓸낀데? 띠뿌라."

날 선 숫자 열 개에 예민한 특수문자까지 틀에 박힌
까탈스러운 얼굴
늦더위 지나도록 불같은 성을 내고
아이는 까르르 빙글빙글 은하수 술래를 돌았다

누런 껍질 벗겨져 시름시름 혼선 앓던 전화기는

햇살 따스한 아침에
속살 태우는 소리로 하루를 망치질 해댔다

"엄마 방금 하늘나라 가셨다"

아이는 혼자서 그네 타고 동동동동 하늘까지 닿았다

해 질 녘,
울지 않는 수화기만 끌어안고 울었다
찢어지는 성난 소리
애타게 날 부르던 유쾌한 사랑 노래
가슴 속 깊이 메아리쳤다

이영선

2014년 ≪시문학≫ 등단

시오름 동향

성 명	등단년도	등단지
김기덕	2000	≪시문학≫ 시 부문
지창영	2002	≪문학사계≫ 시 부문
김순길	2010 2011	≪과천문학≫ 시 부문 ≪시문학≫ 시 부문
이정금	2012	≪시문학≫ 시 부문
이영선	2014	≪시문학≫ 시 부문
김명경	2015	≪시문학≫ 시 부문
안순옥	2016	≪시문학≫ 시 부문
이정환	2016 2020	≪과천문학≫ 수필 부문 ≪시문학≫ 시 부문
백승희	2006 2017	≪수필문학≫ 수필 부문 ≪시문학≫ 시 부문
양순승	2017	≪시문학≫ 시 부문
권순용	2017 2018	≪과천문학≫ 시 부문 ≪한국문인≫ 시 부문
김미향	2018	≪시문학≫ 시 부문
조정화	2018	≪시문학≫ 시 부문
유정남	2018 2019	〈NGO 신문〉 신춘문예 당선 ≪시문학≫ 시 부문

과천 시오름 은

 문학을 사랑하는 사람들이 자기 계발과 문화예술의 발전에 뜻을 함께하고자 2000년 과천 로고스센터에서 시작된 문학창작 모임입니다.

 매주, 글쓰기를 통해 일상의 보편적인 이야기를 나누면서 아름다운 삶을 발견하고 서로를 이해하며 공동체적 사랑을 실천하고 있습니다.

 그 과정에서 여러 동인들이 한국을 대표하는 문학작가로 배출되었으며 활발한 창작활동을 보여줌으로써 감각 있는 작품의 우수성을 인정받았습니다.

 앞으로도 지역과 세계문화의 발전에 부응하는 문학인으로서 역할을 충실히 해낼 것을 약속합니다.

장   소 : 과천 로고스센터 강의실
시   간 : 매주 화요일 11:00-13:00
연락처 : 010-7345-0294

시오름 창간호

다리를 잇는 사람들

초판발행일 2024년 9월 30일

지은이 : 시오름
펴낸곳 : 도서출판 문학공원
발행인 : 김순진
편집장 : 전하라
디자인 : 김초롱
등 록 : 2004년 3월 9일 제6-706호
주 소 : (우편번호 03382)서울 은평구 통일로 633 녹번오피스텔
        501호 스토리문학사
전 화 : 02-2234-1666
팩 스 : 02-2236-1666
홈페이지 : https://blog.naver.com/ksj5562
이메일 : 4615562@hanmail.net

※ 책값은 뒤표지에 있습니다.